香港國際詩歌之夜 *2015*
INTERNATIONAL POETRY NIGHTS IN HONG KONG

編輯 Editors

北島 Bei Dao

陳嘉恩 Shelby K. Y. Chan

方梓勳 Gilbert C. F. Fong

柯夏智 Lucas Klein

馬德松 Christopher Mattison

宋子江 Chris Song

目錄 Contents

費平樂
Fernando Pinto do Amaral

Cardiologia

Talvez na sua vida o maior estímulo
fosse a curiosidade.

Era o motor de tudo: aproximava-se
de todas as mulheres que conhecia,
mas só lhe interessavam os seus corações.

Cultivava com método essa obsessão
e tal como as crianças costumam fazer
aos brinquedos preferidos,
também ele queria vê-los por dentro,
saber ao certo como funcionavam,
desfibrar lentamente cada esperança,
dissecar com um rigor quase científico
cada angústia ou desejo inconfessável
até saborear o gosto sempre novo
de cada uma dessas células.

Após cada experiência, observava
aqueles corações já desmontados

e, por não conseguir juntar as peças,
guardava-as uma a uma no seu peito.
Era um lugar seguro
e com tantos pedaços de outras vidas
na sua pulsação descompassada
podia enfim acreditar
que tinha também ele um coração.

心學

也許，支撐他生命最大的動力
是好奇心。

那是一切動力之源：接近
所有他認識的女子，
但只想俘獲她們的芳心。

就像小孩子對待
心愛的玩具，
緊隨這心癮，
他還想窺探內裏乾坤，
確切知道它如何運作，
慢慢剝開層層希望，
以近似科學的精確，
解剖苦痛或者隱秘的希冀
直至品嚐
每一個細胞的鮮活。

每次經歷後，他都看到
那被拆解的心

無法還原，
於是他把所有的零件藏於胸中。
這才是安全的地方，
而且有這麼多他人生命的碎片
在他的心脈中瘋狂搏動，
他終於確信，
他自己也有一顆心。

(姚風　譯)

Cardiology

The greatest motivation in his life
was perhaps curiosity.

It drove him on: he approached
every woman he met,
but he was only interested in their hearts.

He methodically followed this obsession
and like a child
with his favourite toy
he also wanted to see what was inside,
find out exactly how it worked,
to shred each hope in slow motion,
dissect with almost scientific rigour
each anguish, each unavowable desire,
till he felt the ever fresh taste
in each one of those cells.

After each experiment, he observed
the dismantled hearts

and, not being able to reassemble them,
he gathered them one by one into his breast.
It was a safe place
and holding so many pieces of other lives
pulsating out of step
he could at last believe
that he also had a heart.

(Translated by Ana Hudson)

Segredo

Esta noite morri muitas vezes, à espera
de um sonho que viesse de repente
e às escuras dançasse com a minha alma
enquanto fosses tu a conduzir
o seu ritmo assombrado nas trevas do corpo,
toda a espiral das horas que se erguessem
no poço dos sentidos. Quem és tu,
promessa imaginária que me ensina
a decifrar as intenções do vento,
a música da chuva nas janelas
sob o frio de fevereiro? O amor
ofereceu-me o teu rosto absoluto,
projectou os teus olhos no meu céu
e segreda-me agora uma palavra:
o teu nome—essa última fala da última
estrela quase a morrer
pouco a pouco embebida no meu próprio sangue
e o meu sangue à procura do teu coração.

秘密

今晚我死去多次，等待著
一個夢突然出現，在黑暗中
與我的靈魂共舞，
與此同時，在身體的幽暗中，是你引導
靈魂緊隨陰鬱的節拍，
沿著感覺深井中的時間螺旋攀援。你是誰？
臆想的諾言教我
破譯風的意圖，以及在二月的冷冽中
雨打窗欄的音樂？愛
捧給我你絕對的臉龐，把你的眼睛
映現於我的天空，
並向我耳語了一個詞：
你的名字——最後一顆星的最後一個詞，
這顆星在我的血液中慢慢
沉醉而死。而我的血在把你的心尋覓。

（姚風　譯）

Secret

Tonight I died many times over, waiting
for a sudden dream to come
and dance in the dark with my soul
as long as it were you who led
its haunted rhythm within the darkness of my body,
the spiral of all hours to be hoisted
out of the well of the senses. Who are you,
imaginary promise, who teaches me
to decode the wind's intentions,
and february cold music of the rain
on the window panes? Love
has offered me your absolute features,
has projected your eyes on to my sky
and now whispers a word to me:
your name—the last sound spoken
by the last dying star
soaking slowly in my blood
and my blood seeking your heart.

(Translated by Ana Hudson)

A Outra Face

Hás-de voltar aqui, hás-de sentir
a estupidez do mundo como um pêndulo
batendo a horas certas
ao ritmo dos dias, das semanas,
dos meses ou dos anos que, sem dares por isso,
hão-de passar velozes até dissolverem
o céu e o inferno e os teus últimos
rastilhos do orgulho. Hás-de aprender
a amar os que te odeiam
e a afogar a tua bílis negra
no caudal desse rio a que chamas
perdão ou esquecimento.

Hás-de voltar aqui, hás-de envergar
essa coroa de espinhos que te assenta
tão bem, hás-de mentir
de novo a essa gente, obedecer
com um sorriso inócuo ao seu tráfico
de pequenos conluios burocráticos,
às rasteiras da inveja, aos mais iníquos

crimes humanos—tudo isso
a que mais tarde alguém há-de chamar
simplesmente injustiça.

Hás-de voltar aqui, hás-de saber
dar-lhes a outra face.

變臉

你必須回到這裏，感覺
世界愚蠢得就像一個鐘擺
根據每天每週每月或者每年的節奏
敲擊時間，而時間一無所知
它飛逝而過，直至天塌地裂
最後的一點驕傲
也化為齏粉。你必須學會
愛那些憎恨你的人
並在湍流中淹死黑色的膽汁
你把這條河叫作
寬恕或者忘川。

你必須回到這裏，戴上
荊棘的冠冕，它很適合你
你要繼續向這些人說謊
用無邪的笑容
任他們販賣
官場的雕蟲小技
容忍那些嫉妒的詭計
接受人類最邪惡的罪行

這一切──後來人會把它
簡稱為不公。

你一定要回到這裏，你一定要熟諳
給他們變出另一張臉。

（姚風　譯）

The Other Cheek

You'll be back here, you'll feel
the world's stupidity like a pendulum
striking the right hours
in the rhythm of days, weeks,
months or years which will
travel fast without you noticing,
till they dissolve heaven and hell and your last
hints of pride. You'll learn
to love those who hate you
and to drown your dark bile
in the current of that river you call
forgiveness or oblivion.

You'll be back here, you'll wear
the crown of thorns that fits you
so well, you'll lie
again to those people, obey
with an innocuous smile the traffic
of petty bureaucratic plots, the
envious traps, the most iniquitous

human crimes—all that which
somebody will later on
merely call injustice.

You'll be back here, you'll know
how to offer them the other cheek.

(Translated by Ana Hudson)

Zeitgeist

Os meus contemporâneos falam muito
e dizem: "Então é assim",
com o ar desenvolto de quem se alimenta
do som da própria voz, quando começam
a explicar longamente as actuais tendências
das artes ou das letras ou das sociedades
a pouco e pouco iguais umas às outras
neste primeiro mundo em que nascemos,
agora que o segundo deixou de existir
e que o terceiro, mais guerra, menos fome,
continua abstracto, em folclore distante.

Parece que está morta a metafísica
e que a verdade adormeceu, sonâmbula,
nos corredores vazios onde, às escuras
se vão cruzando alguns milhões de frases
dos meus contemporâneos. Todavia,
falam de tudo com o entusiasmo
de quem lança "propostas" decisivas
e percorre as "vertentes" de novos caminhos

para a humanidade, enquanto saboreiam
a cerveja sem álcool, o café
sem cafeína e sobretudo
o amor sem amor, para conservarem
o equilíbrio físico e mental.

Os meus contemporâneos dizem quase sempre
que não são moralistas, e é por isso
que forçam toda a gente, mesmo quem não quer,
a ser livre, saudável e feliz:
proíbem o tabaco e o açúcar
e se por vezes sofrem, tomam comprimidos
porque a alegria é uma questão de química
e convém tê-la a horas certas, como
o prazer vigiado por preservativos
e outros sempre obrigatórios cintos
de segurança, para que um dia possam
sentir que morrem cheios de saúde.

Quando contemplo os meus contemporâneos
entre as conversas "trendy" e os lugares da moda,

"tropeço de ternura", queria ser
pelo menos tão ingénuo como eles,
partilhar cada frémito dos lábios,
a labareda vã das gargalhadas
pela madrugada fora. No entanto,
assedia-me a acédia de ficar
assim, mais preguiçoso que um Oblomov
à escala portuguesa—ó doce anestesia
a invadir-me o corpo, a libertar-me
desse feitiço a que se chama o "espírito
do tempo" em que vivemos, sob escombros
de um céu desmoronado em mil pequenos cacos
ainda luminosos, virtuais
estrelas que se apagam e acendem
à flor de todos os écrans
que os meus contemporâneos ligam e desligam
cada dia que passa, nunca se esquecendo
de carregar nas teclas necessárias
para a operação save
e assim alcançarem a eternidade.

時代精神

我的同輩們侃侃而談，
他們說：「就是這樣」，
表情輕鬆而坦然，好似他們在吞食
自己的聲音。他們滔滔不絕
詮釋著當今藝術、文學
或者社會的發展趨勢，
在我們出生的第一世界，
所有的結論最後都變得相同。
第二世界已不復存在
第三世界不是戰爭就是飢餓，
依舊是遙遠而抽象的存在。

形而上學看似已經死去，
真理也已經入睡，夢遊
於空無的長廊，黑暗中
交織着我的同輩說出的
不計其數的話語。
他們興致勃勃，無所不談
好像是他們提出了決定性的「建議」
並且在為人類之路尋找新的「途徑」

與此同時，他們品嚐著
不含酒精的啤酒，
沒有咖啡因的咖啡，尤其是
沒有愛情的愛情，以此
來保持
思想與肉體的平衡。

我的同輩們總是表白
他們並不是道德家，正因為如此
才會逼使所有的人，即使不情願的人，
去享有自由、健康和快樂：
嚴禁吸煙，不要吃糖
如果難以忍受，那麼就吞食藥片
因為快樂是一個化學問題
最好讓快樂準時到來，就像
被避孕套監控的高潮
就像被安全帶安全的其他快樂
為的是有一天他們可以感覺
身體健康地死去。

在「時尚」的交談與時髦的地方之間，
或者在「溫情的磕碰」之中，
我審視我的同輩，我至少
很想和他們一樣質樸天真，
分享他們口舌的一瀉千里，
以及如火焰一般抵達清晨的哈哈大笑。
然而，我卻情願無所事事，
就像葡萄牙版的懶漢奧普洛莫夫——啊！
甜蜜的麻醉劑侵入我的身軀，把我從
我們生活的「時代精神」之中
解放出來，天空倒塌
變為成千上萬的碎片，
仍在閃閃發光，虛擬的
星星，在所有的螢光屏上
被熄滅又被點燃，
我的同輩每天都會打開和關掉
螢光屏，為了「儲存」，
他們從不忘記按下所需要的鍵
這樣，他們便擁有了永恆。

（姚風　譯）

Zeitgeist

My contemporaries speak a lot
and say: "So, here's how it is"
in the brazen manner of ones fed
by the sound of their own voices as they start
explaining at length present trends
in the arts, humanities or those societies,
which are becoming, little by little, the same
as each other, in this first world where we were born,
now that the second world has ceased to exist
and the third, take war leave hunger,
keeps its abstraction, in folkloric distance.

It seems metaphysics is dead
and truth sleepwalks, wandering
the empty corridors where
some of my contemporaries' millions
of sentences meet in the dark. Still,
they speak of everything enthusiastically,
throwing in decisive "proposals"
and riding the "challenges" of new paths

for mankind, while enjoying
alcohol-free beer, decaffeinated
coffee and, above all,
loveless love, to be able to maintain
their physical and mental balance.

My contemporaries almost always say
they do not moralise, and that's why
they force everybody to be free, healthy, happy,
even the ones who don't want to be:
they forbid tobacco, sugar
and, whenever in pain, they take pills
because joy is a chemical matter
and it's advisable to take it at certain times, like
pleasure under the surveillance of condoms
and such other compulsory seat belts,
so that one day they may die
in complete good health.

When I muse upon my contemporaries,
their trendy conversations, their fashionable places,

I find them so endearing, I wish I were
at least as naïve as they are,
sharing each thrill on their lips,
the ephemeral flame of their laughter
all through the night. However,
I'm tempted by the sloth of remaining
thus lazier than any Oblomov
on a Portuguese scale—oh sweet anaesthetic
invading my body, freeing me
of that spell called "the spirit
of the time" in which we are living, under the debris
of a sky crumbled into a thousand
still bright small pieces, virtual
stars shining intermittently
on the surface of all the screens
that my contemporaries switch on and off
each and every day, never forgetting
to press the necessary key
for the save function
and thus reach into eternity.

(Translated by Ana Hudson)

Escotoma

Não sei o que é um espírito. Ninguém
conhece a fundo a luz do seu abismo
enquanto o vento à noite vai abrindo
as infinitas portas de uma casa
vazia. A minha voz
procura responder a outra voz,
ao choro dos espectros que celebram
a sua missa negra, o seu eterno
sobressalto. Num ermo
da cidade magoada escuto ainda
o rumor de um oráculo,
a febre de um adeus que se prolonga
no estertor dos ponteiros de um relógio,
nesse ritmo feroz, na pulsação
do meu sangue exilado que recorda
um abrigo divino. Pai nosso, que estás
entre o céu e a terra, conduz-me
ao precipício onde hibernou a alma
e ensina-me a romper a madrugada
como se a minha face fosse

um estilhaço da tua
e nela derretessem, por milagre,
estas gotas de gelo ou de cristal
que não sabem ser lágrimas.

暗點

我不知道甚麼是精神。人們對其
深淵的光芒一無所知，而風會打開
一所空房子所有無盡的門。
我的聲音極力回答另一個聲音，
伴隨幽靈的哭泣，他們在舉行
黑色的彌撒，這
永遠的惶恐。在被踐踏的城市廢墟上
我依舊聽到
一個預言者的胡言亂語
神祇的狂熱，以兇猛的節奏
撥動鐘錶的指針，
激蕩我被放逐的血液，
令我想起神的庇護。聖父，你存於
天地之間，引我至靈魂在此冬眠
的懸崖，教我如何打破黎明
彷若我的臉頰是
你的臉頰的一塊碎片
水珠或水晶從臉頰
奇蹟般地滴落
但不知道變成眼淚。

(姚風　譯)

Scotoma

I don't know what a spirit is. No one
knows in depth the light of his own abyss
as at night the wind opens
the infinite doors of an empty
house, one by one. My voice
tries to respond to another voice,
to the lament of ghosts celebrating
their black mass, their eternal
disquiet. In a forgotten place
of the damaged city I listen still
to an oracle's whisper,
to the feverish farewell prolonged
by the dying rattle of the clock's hands,
their ferocious rhythm, the pulsing
of my exiled blood remembering
a divine shelter. Our father who art
between heaven and earth, take me
to the precipice where my soul wintered
and teach me how to burst through the dawn
as if my face were

shrapnel from your face
that would miraculously melt
these crystal icicles
unable to be tears.

(Translated by Ana Hudson)

Depõe as Armas

Depõe as armas, vá, não cedas mais
às vontades alheias que te movem
como um peão perdido nesse jogo
sem regras nem verdades que te vistam
armaduras ou elmos de outras vidas.

Depõe as armas devagar, que o mundo
seguirá o seu rumo entre planetas
submersos na treva que ignora
os sonâmbulos passos do destino
quando à hora do lobo mal escutares
as vozes hibernadas em surdina,
a sua melodia sussurrando
a memória do sangue, o mais antigo
sobressalto do vento no teu rosto.

放下武器

放下武器，去吧，不要屈從
別人的意志，它們驅動你就像驅動
一個在這場遊戲中迷失的路人
沒有規則，也沒有真理
為你戴上其他生命的鎧甲和頭盔。

慢慢放下武器，因為世界會按照
自己的道路在被黑暗淹沒的
星球中穿行，這黑暗
不知道命運夢遊的腳步
下半夜，你剛好聽到
冬眠的聲音在絮語
這些韻律在
訴說對血的記憶，風
在你的臉上留下最久遠的撞擊。

（姚風　譯）

Lay Down Your Arms

Lay down your arms, go on, stop giving in
to the wills of others manoeuvring you
like a lost pawn in this game
with no rules or truths which might dress you
with armours and shields of other lives.

Lay down your arms slowly, because the world
will follow its course among planets
buried in the darkness that ignores
the zombie steps of fate
when at the hour of reckoning you'll hardly hear
the recoiled muted voices,
as their melody whispers
the blood's memory, the most ancient
gasp of wind on your face.

(Translated by Ana Hudson)

Insónia

Sair enfim daqui   Ficar enfim
sem coração
sem voz
sem esperar que alguém te venha repetir
suaves melopeias
palavras impossíveis e contudo
sempre tão maviosas como o «amor»
ou a «eternidade» ou sobretudo
a «poesia»   Não há
nunca houve razões para falar
canções para embalar todas as noites
a tua insónia

無眠

終於離開這裏，終於
沒有了心
沒有了聲音
也不再等人向你重複
柔和的旋律
不可能的詞語，雖然
它們總是那般溫柔，一如「愛」
「永恆」，尤其是「詩」。
沒有理由，也不曾有過理由
淺唱著搖籃曲，哄你的無眠入睡

(姚風　譯)

Insomnia

To get out of here at last   To be at last
without heart
without voice
without hope that someone will come to repeat
for you gentle melopeias
words impossible and at the same time
always so sweet like "love"
or "eternity" or most of all
"poetry"   There are
no reasons nor ever were to murmur
lullabies to gently rock to sleep each night
your insomnia

(Translated by Alexis Levitin)

Versão de Li Shangyin

Quando me encontro contigo
sofro sempre ao separar-me
Sofro porque não consigo
encontrar no que te digo
palavra que nos desarme

Já sem força o vento leste
fez murchar este jardim
e do amor que me deste
não há lágrima que reste
não há nada para mim

O bicho-da-seda tece
o seu fio até à morte
e tudo o que me apetece
é que já nem eu regresse
e que nada mais importe

No espelho da triste aurora
tornou-se cinza o meu pranto

e os teus cabelos agora
são nuvens que também choram
esta saudade que canto

Nota:
Li Shangyin (813–858) era um poeta chinês da dinastia Tang.

仿李商隱〈無題〉

每一次與你相聚
皆因分別而心碎
對你說盡了萬語千言
卻找不到告別的詞語

已經無力的東風
凋零了整個花園
你的愛
沒有剩下一滴淚
沒有留下星點愛

蠶以死織盡了絲
我要做的不過是
不再歸來，萬事
徒勞，毫無意義

鏡中升起憂傷的晨曦
把我的淚水燒成灰燼
而此刻，你的雲鬢啊

如一朵朵雲也在哭泣
只為我低吟的相思

(姚風　譯)

譯註：
李商隱〈無題〉：相見時難別亦難，東風無力百花殘。春
蠶到死絲方盡，蠟炬成灰淚始乾。曉鏡但愁雲鬢改，夜吟
應覺月光寒。蓬山此去無多路，青鳥殷勤為探看。

Version of Li Shangyin

And when we come together, you and I,
And then must part and separate in grief,
No word I find, no argument or sigh
In all that I express, in all I try
To say, to calm us both, to bring relief.

The wind comes from the east, already weak,
the garden withers, petals now debris,
And of your love that once to me would speak
No tears remain, and all is waste and bleak.
There's nothing here, there's nothing left for me.

The silkworm goes on spinning, as it weaves
Its silky threads, until it dies one day
And all I really wish for is to leave
The past behind and find at last reprieve,
where nothing matters in this land of gray.

The mirror of a saddened dawn is where
My weeping turns to ashes, and they sting.

And now I see the tresses of your hair
Have turned to tearful clouds that share
The yearning and the longing that I sing.

(Translated by Alexis Levitin)

Translator's Note:
Li Shangyin (813–858) was a Chinese poet of the Tang dynasty.

46

Farmacolgia

the sobs of life itself
—*Marilyn Monroe*

Era depois da morte Norma Jeane
foi há cinquenta anos e é agora
Continuas aqui vejo-te ainda

sozinha nesse quarto procurando
uma saída para tanto medo
desde sempre contigo—«terror beyond fear»
Era só isso—medo—o que sentias
diante dos fotógrafos   das câmaras
o que sentes agora nessa casa
ou no jardim enquanto todos dormem
e ficas acordada toda a noite
ao som do vento que te embala a insónia
à espera de uma porta que se abra
de alguém que ainda te ame   que te escute
que leia o que tu escreves   frases curtas
com o pânico lá dentro   Talvez queiras

esconder-te algures onde ninguém te veja
dormir   escapar   fugir mais uma vez
de todos   de ti mesma   dos abutres
que te seguem   perseguem   que te sugam
o sangue e a beleza e o talento
em nome do showbiz   Deves saber
que estão fora de moda os barbitúricos
e já não se usa hidrato de cloral
Agora cada dia tomarias
coisas mais evoluídas   mais suaves
benzodiazepinas ou prozac
e se todo o infinito for apenas
questão de bioquímica talvez
também eu te aconselhe como o outro
Toma os teus comprimidos rapariga
toma comprimidos
Olha que não há mais metafísica no mundo senão
    comprimidos
Olha que as religiões e as filosofias
não nos ensinam mais que a farmacologia

Mas acima de tudo não te assustes
prometo que não vais ficar sozinha
Brentwood fica tão perto de Lisboa
e hei-de ir ter contigo onde estiveres
Peço-te apenas que não tenhas medo
e se quiseres uma destas noites
agarra no telefone e fala-me em silêncio
Sabes que estou aqui
para te ouvir   para te dizer «shhh»
para chorar de novo com as tuas lágrimas
até adormeceres

藥物學

> *生活本身的嗚咽*
>
> ——瑪麗蓮·夢露

諾瑪·珍妮去世五十年後
你還在這裏，我見到你仍舊
獨自在這個房間，為如此多的恐懼
尋找出口，它始終伴隨著你——「恐怖超越恐懼」
就是它——恐懼——你曾在
攝影師的鏡頭前所感覺的
和你此時在這所房子裏或者花園裏所感覺的一樣
眾人都在酣睡，只有你輾轉難眠
任風聲搖盪你的不眠之夜
你在等待一扇門，被一個愛你的人打開
聽你傾訴，或者讀你寫給他的短句，
句子藏著恐懼　也許你也想藏在某個地方
沒有人看到你睡覺　逃離　逃離
所有的人　逃離你自己　逃離追趕你迫害你的
　　禿鷹，
牠們以娛樂業的名義壓榨你的鮮血　美貌　才華
你要知道，服用巴比妥已不流行
也不再使用水合氯醛

時至今日，你應該服用更新更柔和的藥物
比如苯二氮或百憂解
如果無限的問題只是生物化學的問題
或許我也會和別人一樣建議你服用藥物
姑娘，吃藥吧
吞下這些藥片
你看　當今世界除了藥物學已沒有形而上學
你看　宗教和哲學傳授給我們的不過是
藥物學
不過　重要的是你不再害怕，我向你保證
你不會孤獨一人
布倫特伍德離里斯本很近
你無論在甚麼地方我可以找到你
如果你害怕　在這樣的一個夜晚
你可以打電話給我　在寂靜中向我訴說
你知道我在這裏
為了聽你傾訴，為了對你說「噓！」
為了讓你用你的眼淚再哭一次
直到睡去

（姚風　譯）

Pharmacology

the sobs of life itself
                    —*Marilyn Monroe*

It was after the death of Norma Jean
fifty years ago and it is now
You are still here I see you still
alone in that room looking for
 a way out of all that fear
that was always with you—"terror beyond fear"
It was just that—fear—that you felt
facing the photographers   the cameras
what you feel now in this house
or in the garden while everyone's asleep
and you lie awake all night
beneath the sound of the wind that rocks your
    insomnia
waiting for a door to open
on someone who still loves you   listens to you
reads what you write   short phrases
with the panic inside   Maybe you want

to hide somewhere where no one can see you
to sleep   escape   flee once again
from everyone   from yourself   from the vultures
that follow you in pursuit   that suck
your blood and beauty and talent
in the name of showbiz   You must know
that barbiturates are out of style
and that no one uses chloral hydrate anymore
Now every day you would take
more advanced products   gentler ones
Benzodiazpines or Prozac
and if all infinity were just
a question of biochemistry perhaps
I too would advise you as the other did
Take your pills, little girl,
take your pills
See how there's no metaphysics in the world except
    for pills
See how religion and philosophy
teach us nothing more than pharmacology

But above all don't get scared
I promise you won't be alone
Brentwood is so close to Lisbon
and I will come to be with you wherever you are
I only ask you not to be afraid
and if you want one of these nights
to grab the phone and speak to me in silence
you know that I am here
to listen to you   to say "shhhh"
to cry once more your tears
until you fall asleep

(Translated by Alexis Levitin)

Sede

Está vazio o teu peito   No lugar
do coração talvez um ataúde
ou nem isso   uma sombra
igual a essa noite onde procuras
o mar   o imenso mar   e só encontras
sede

渴

你的胸膛空蕩蕩　心在的地方
停放的也許是一具棺木，甚至這
也不是　只是一個陰影
暗如黑夜　你尋找大海
無邊的大海　但找到的卻是
渴

(姚風　譯)

Thirst

Your breast is empty   Instead
of a heart perhaps a coffin
or not even that   a shadow
like that night in which you seek
the sea   the vast vast sea   and only find
your thirst

(Translated by Alexis Levitin)

Galvani

Cada dia repetes a experiência
nesse laboratório   Poderias
afirmar «Já não sofro» e como sabes
talvez fosse verdade
mas basta uma palavra   uma descarga
eléctrica   uma luz
para veres como logo se contrai
num acto reflexo
esse músculo sem vida   isso que um dia
foi o teu coração

伽伐尼

每一天，你都在實驗室裏重複
你的實驗。你可以肯定
「我已不再受苦」，正如你所知
這是真實。但一個字，一次靜電
放電，一次光亮，就讓你看到
在條件反射中，這沒有生命的肌肉
如何收縮，而有一天，這塊肉
就是你的心

（姚風　譯）

譯註：
伽伐尼（1737–1798），意大利科學家。

Galvani

Every day you repeat the experiment
in that laboratory   You could
declare "I'm no longer suffering" and as you know
it might have been true
yet all it took was a single word   one electrical
discharge   a light
to see how quickly it contracts
a reflex act
that lifeless muscle   which once
was called your heart

(Translated by Alexis Levitin)

費平樂，1960 年生於里斯本，為醫科畢業生，其後研究當代語言文學並取得博士學位。現為里斯本大學文學院文學教授，並主理葡萄牙教育部「國家閱讀計劃」。他出版過六本詩集、兩本散文和兩本小說，另譯有葡文版波德賴爾的《惡之花》、魏倫的《憂鬱詩篇》及博爾赫斯的所有詩作。

Fernando Pinto do Amaral, writer, poet, literary critic and translator, was born in Lisbon in 1960. He is a professor at the University of Lisbon, where he has been teaching since 1987. He is currently in charge of the National Reading Plan (Ministry of Education) of Portugal. Amaral's publications include six books of poetry, two books of essays, two volumes of fiction, and two books for children. He has translated into Portuguese Baudelaire's *Les Fleurs du Mal*, Verlaine's *Poèmes Saturniens* and the complete poetical works of Jorge Luis Borges.

出版 Publisher
香港中文大學出版社 The Chinese University Press

封面影像 Cover Image
北島 Bei Dao

出版日期 Date of Publication
二零一五年十一月 November 2015

國際書號 ISBN
978- 962- 996- 726- 0

香港國際詩歌之夜 2015 International Poetry Nights in Hong Kong 2015
主辦單位 Organizer
香港中文大學文學院 Faculty of Arts, The Chinese University of Hong Kong

協辦單位 Co-organizers
香港中文大學中國文化研究所
Institute of Chinese Studies, The Chinese University of Hong Kong
香港中文大學出版社 The Chinese University Press
香港兆基創意書院 HKICC Lee Shau Kee School of Creativity
廣州時刻文化傳播有限公司 Moment Communications

贊助 Sponsors
香港法國文化協會 Alliance Française de Hong Kong
上海廿一文化發展有限公司 Shanghai 21 Culture Promotion Co., Ltd.
中國會 The China Club
香港文學出版社有限公司 The Hong Kong Literary Press Co. Limited
斑馬谷文化發展 (北京) 有限公司 Zebra Valley Culture Development

Printed in Hong Kong